"मेरे साथ कविताओं का सफ़र' भाग-१"

तूलिका रस्तोगी

Made with ❤ on the Notion Press Platform
www.notionpress.com

समर्पण

भावों को लेखन में अभिव्यक्त करने की मुझे शुरू से ही रुचि थी। तो बचपन से ही कविताएँ लिखने का प्रयास रहा। माँ ने हमेशा अपने भावों को काग़ज़ पर उतारने के लिए प्रोत्साहित किया। शायद वह भी लिखती थी, और पापा भी।

अब दोबारा से लेखनी उठाना, नयी कृतियों को लिखना, और पुरानी रचनाओं को एकत्रित कर पुस्तिका के रूप में पेश करने की पूरी प्रेरणा, मेरी बेटी जो स्वयं रिसर्च फील्ड में है, ने दी है। और उसके पिता ने भी इन कृतियों को पब्लिश करने के लिये, पूरा सहयोग और प्रोत्साहन दिया है। इन रचनाओं को अपने पूरे परिवार और मित्रों को जिन्होंने मुझे यह कृति प्रस्तुत करने में सहयोग दिया है, समर्पित कर रही हूँ।

क्रम-सूची

क्रम-सूची

प्रस्तावना

प्रस्तावना

भावों को अभिव्यक्त करने में मुझे कविताएँ, हमेशा से ही रास आती हैं। थोड़े से शब्दों में अथाह कह देने की क्षमता, कविताओं में बहुत ज़्यादा होती है। जीवन के सफ़र को तय करते हुए, बहुत सारे विचारों भावों से, मिलना जुलना होता रहता है। जीवन के शुरुआती दिनों में अक्सर, इन लम्हों को पन्नो पर उतार लिया करती थी, तो सहज ही कुछ कविताओं की रचना हो गई। यही थोड़ी सी रचनायें, आप सबके पढ़ने के लिए कविताओं के रूप में "मेरे साथ कविताओं का सफ़र" में प्रस्तुत हैं।

1. जीवन की रफ़्तार

१-जीवन की रफ़्तार
जीवन की रफ़्तार है बहुत ही तेज,
सिर्फ़ समझने में ही है बड़ा भेद,
वक़्त तो गुज़रता ही चला जाता,
हर कोई नहीं यह समझ पाता,
कहानियाँ तो बस बनती रहती हैं,
या फिर कभी कभी हैं बिगड़ती,
ज़माना है यूँ बदलता चला जाता।

2. ईश्वर

२-ईश्वर
अब ईश्वर है तभी तो सब कुछ है,
पर कहाँ है? क्यों नहीं है दिखता?
वह तो कण कण में व्याप्त है,
फिर क्यों लगता है कि यह भ्रम है,
क्या सच में ही ईश्वर है? तो कहाँ है
है तो ज़रूर ही, पर कहाँ है वह?
हमारे पास में है?या फिर बहुत दूर?
क्या वह भी,नहीं आना चाहता है?
इस जंजाल में? जहाँ है सब कुछ
उलझा हुआ सा, बस कंकाल में,
जिंदगी का जहाँ कोई एहसास नहीं,
ना तो जान है! और ना ही जहान है!
ना ही शायद खुद की कोई पहचान!

3. कथा

३-कथा

चाह है कि कुछ कथा लिखी जाए,
कथा ऐसी हो सिर्फ सच बतलाये,
ज़िंदगी जीने के सही अर्थ बतलाये,
ख़ुद को ख़ुदका आईना दिखलाए,
पढ़ कर जिसको सब समझ सके,
सच झूठ का फर्क जान सके सब।

4. फूल

४-फूल

यह है फूल की करुण कहानी,
हाँ है स्वयं, उसकी ही ज़ुबानी,
ज़ोर ज़ोर से सबसे कहता वह,
कि मेरी किस्मत का कमाल देखो,
है बड़ी ही अजब सी निराली यह,
कभी तो पूजा में चढ़ाया जाता,
कभी देव माला में लगाया जाता,
कभी शादी के लिए बनायी लड़ में,
मुझको बस यूँही पिरोया जाता है,
कभी वरमाला में लगाया जाता,
कभी शव पर भी सजाया जाता,
तब तो लगता है जैसे कि मैं भार हूँ,
कभी भँवरा मुझको आकर चूसता,
या कभी मैं पथ पर पड़ा कुचलता,
तो रहता मैं बस रिस्ता सिसकता,
पर मैं तो एक नन्हा सा उपहार हूँ,
प्यार से भरा छोटा सा इज़हार हूँ।

5. जीवन

यह जीवन सत्य है सत्य,
मिला हुआ है बस इसमें,
खट्टे-मीठे अनुभवों का रस,
बड़ा छोटा तो मन का भ्रम है,
जो भी पहुँचता किसी मुक़ाम पर,
बस अपने कर्मों से बनता,
अच्छे कर्म तो वही होते हैं,
जो दूसरों का हित करते हैं,
खुद रोते हुये दूसरों को हंसाते,
असल में वही बड़े कहलाते हैं,
महानता का वह परिचय देते,
औरों के दुःख को देखकर,
जो स्वयं हो जाते हैं दुःखी,
दूसरों के सुख को देखकर,
जो हो जाते हैं यूँ ही सुखी,
वही होते हैं बस परोपकारी,
वही होते हैं सत्य सदाचारी,
वही रहते हैं मिसाल बनकर,
जो हँसते हँसाते दम भरते हैं।

6. जीवन पथ

६-जीवन पथ

जीवनपथ तय करते-करते,
अन्तिम छोर पर आ ही गये,
गंतव्य स्थान तक पहुँचने में,
बस अब कुछ क्षण ही बचे,
पूर्ण हुई इच्छाएं कामनाएं,
थोड़ी सी अधूरी ही रह गई,
कह चुके हैं थोड़ा सुन चुके,
बहुत कुछ मन में ही रखे हैं,
कहीं पर पूरे तो कहीं अधूरे,
आ गया अब वह स्थान भी,
जहाँ पर अब पहुँचना ही था,
कभी भी न उठने के लिये,
अब तो हम बस सो चुके,
अब इस जीवन को छोड़,
बस दूसरे ही जीवन में हम,
पूरी तरह से अब खो चुके हैं।

7. आँसू

७-आँसू

ख़ुशी का प्रतीक आँसू ,
ग़म की पहचान हैं यह ,
बहुमूल्य होते हैं आँसू,
जीवन का सहारा हैं यह,
अनमोल खज़ाना आँसू,
कोई एकांत में बहाता है,
तो कोई भीड़ में गिराता,
कोई पी जाता सब आँसू,
कोई खेलता है आँसुओं से,
तो कोई झेलता है इनको,
ज़िन्दगी का एहसास आँसू।

8. भटकता

८-भटकता

मुझको छोड़ भटकता मग में,
पथ क्यों कर सूनसान कर गए,
संघर्षों की यह विकट ज़िन्दगी,
कैसे गुज़रे बस कहा नहीं जाए,
बिन जीवन ज्यों मीन तड़पे,
जल बिन उससे रहा नहीं जाये,
वैसे ही मेरे इस मन को,
तुम क्यों इतना हैरान कर गए,
थका हुआ है मानस का पंछी,
शक्ति बहुत पर साहस कम है,
पंथ न मिलता दिव्य ज्योति बिन,
चारो ओर उज़ियारा कम है,
मुझे भटकाकर अगम मार्ग में,
दर्द का घना कोहरा छोड़ गए,
मुझको छोड़ भटकता मग में,
पथ क्यों कर सूनसान कर गए।

9. अपना पता

९-अपना पता
थक गयी हूँ चलते चलते,
शायद कोई चला साथ नहीं,
राह तो अब भी वही है मेरी,
मंज़िल की कोई आस नहीं,
क़दम भी अब अपने नहीं,
अस्थिर हुआ मन ये अपना,
भविष्य की क्या कल्पना करूँ,
वर्तमान भी अपना आज नहीं,
नीरवता जीवन में छाई हुई,
दुनियां में मची है हलचल,
किसी का क्या पता करेंगे,
अपना पता ही हमें आज नहीं।

10. पंख

१०-पंख
यदि जो मेरे भी पंख होते,
मैं नित्य गगन को जाती,
मन के अनुपम नेत्रों से,
दिव्य दिशा देख पाती,
माँ के चरणों की पवित्र रज से,
अपना मस्तक बस चमकाती,
दया प्रेम की करुण देवी को,
अपनी सब कथा सुनाती,
उसके पवित्र अमृत वचनों से,
नित्य मार्ग दर्शन मैं पाती,
अपने इस कोमल मन को,
दृढ़ प्रतिज्ञ कर पाती।

11. करुण दशा

११-करुण दशा

अपनी इस करुण दशा को अब,
ना जतला सकते ना बतला सकते,
मूक दर्द के प्रलयकारी शोर को,
ना ही इसे अब शांत करा सकते,
ना अब इस दर्द समझे मन को,
कुछ अब और ही समझा सकते,
ना ही अब इस दर्द के सागर को,
संतोष का अमृत ही पिला सकते,
और ना अब इस दर्द की अग्नि को,
शांत ही अब हम करवा सकते।

12. यह मन

१२-यह मन
बिखरा हुआ है यह मन,
छिप्त विछिप्त कोमल द्रवित,
कभी था यह सघन पुँज,
बिखेरता था यह दिव्य ज्योति,
प्रेम दया की शीतल किरण,
साहस था इसमें साहस देने का,
अटल कठिन को सहज करने का,
पर सहस ही हुआ यह विकृत,
नहीं उठा पा रहा अपना बोझ,
पर हो सकता है अनायास ही,
देखने पर उस अमृत पुंज को,
यह हो जाये दृढ़ और सबल,
असंभव को संभव कर दे यह,
उच्च शिखर को कर दे समतल।

13. विचित्र शोर

१३-विचित्र शोर
चारों ओर एक विचित्र सा शोर,
ध्वनि के हैं यह बादल घनघोर,
पर नहीं है कहीं पर भी वह ध्वनि,
जिसकी हमेशा से है सबको खोज,
चित्कार, फटकार, स्वरों का अम्बार है,
पर कहीं नहीं है वह मधुर झंकार,
बड़े से बड़े अनेक वाद्य तो हैं,
पर कहाँ है वह मधुर सा साज़,
सब तरह की आवाज़ है आज़ यहां,
कहाँ खो गया वह मधुर स्वर आज़।

14. कोई गाता

१४-कोई गाता

कोई गाता, मैं सो जाती,
संगीत के सुन्दर स्वरों में,
ममता की भावमय लहरों में,
मैं सो जाती, मैं खो जाती,
दुःख से दूर, मधुर ध्वनि में,
लयबद्ध होकर मैं सो जाती,
शांति वन में विचरण कर,
संगीत के मीठे कलरव में,
मैं खो जाती, मैं सो जाती,
छल कपट से बहुत दूर,
सरलता के जीवन में मैं,
प्रेम के अमृत उपवन में,
मैं सो जाती,मैं खो जाती।

15. ख़ुशियों की आग

१५-ख़ुशियों की आग

इन ख़ुशियों की आग में वह जिया बेहिसाब,

बस दुःख की ठंडक का तो एक पल ही मिला,

इन तमाम जीने वालों में वह हमेशा ही मरा,

पर कुछ मरने वालों में वह ज़रूर से ही जिया,

इस शोर में उसकी अज़ब सी ख़ामोशी छुपी,

पर इस तमाम ख़ामोशी में उसका अजब सा शोर छिपा,

इस तमाम सुख में उसे तो दर्द ही दर्द मिला,

पर क्षणिक दुःख में भी कहीं उसकी ख़ुशी का लम्हा छिपा,

जिसने दूसरे को देने के लिए अपना सब कुछ ही ले लिया,

इस छोटे से संसार में उसके बड़े मन का क्या कोई सिला,

वह वो है जिसमें इंसानियत का सब रहस्य छिपा।

16. कोई इच्छा

१६-कोई इच्छा

ऐसी नहीं अब कोई प्रबल इच्छा,
फ़िर क्यों है शायद कहीं प्रतीक्षा,
यह मन है यूहीं क्यों भटकता,
ढूँढने को उस अपार अनंत को,
उस शीतल पावन अमृत पुंज को,
उस मधुर झंकार भरे मीठे स्वर को,
आत्मा के उस सम्बल सम्बन्ध को,
जिससे बंधा है जीवन का हर पल।

17. ढूँढने चला

१७-ढूँढने चला
ढूँढने चला आज यह मन,
उस चिर परिचित मन को,
जो अनायास कहीं भटक गया,
जिसमे था वह मधुर रस,
जो करता था सबको सरस,
जो था प्रतीक एक आधार का,
निश्छल पवित्र अदभुत प्यार का,
जो था बहुत ही सहज सरल,
कहीं नहीं थी जिसमे उथल पुथल,
जिसका था बस एक ही भेद,
नहीं था जिसमें कभी भी खेद,
वही था उसका सरल सा भेष,
प्यारा सा वह मीठा सा सन्देश।

18. सुख दुख

१८-सुख दुख

सुख को तो सब ही गले लगाते,
किसीने दुःख को गले लगाया है?
रोते हुए तो सब ही जीते हैं,
किसीने ख़ुशी से जीना दिखाया है?
फूलों के बिस्तर तो सबको पसंद हैं,
क्या काँटों के बिस्तर पर आराम फ़रमाया है?
आम तौर पर आँसू सब गिराते हैं,
किसने खून के आँसुंओं को पीकर दिखलाया है?
गैर अपना तो सबके ही लफ्ज़ हैं,
ग़ैर मिटा सिर्फ अपना लफ्ज़ अपनाया है?
अपना दर्द तो सब ही उठाते हैं,
दूसरों के दर्द को अपना बनाया है?

19. दिल का दर्द

१९-दिल का दर्द
आँख क्या दिखला पायेगी?
वह दिल का दर्द कभी,
आह क्या बतला पायेगी?
वह दिल की आवाज़ कभी,
ख़ामोशी क्या जतलायेगी?
वह दिल की घुटन कभी,
आँसू क्या समझायेंगे?
वह दिल की तड़प कभी,
साँसे क्या नाप पायेंगी?
वह दिल की गहराई कभी,
आवाज़ क्या बतलायेगी?
वह दिल की बात कभी,
शायद यही बहुत है कि,
दिल पहचान ले अपना दिल।

20. कौन ऐसा धीर

२०-कौन ऐसा धीर
कौन ऐसा धीर है,
दर्द की ही भेंट ले?
सुखों को बिखेर कर,
दुखों को समेट ले?
कटुता को पीकर,
ख़ुशी का उपहार दे,
अज्ञान को हटाकर कर,
ज्ञान का विस्तार दे,
अंधकार को मिटाकर,
उजाले को निखार दे,
अन्याय को हराकर,
न्याय का व्यवहार दे,
असत्य को छोड़कर,
सत्य का सिर्फ़ साथ दे।

21. प्रतिभावान

२१-प्रतिभावान

शायद यहाँ पर सब हैं प्रतिभावान!
रग-रग में बसता है ज्ञान-विज्ञान,
या अभी भी व्याप्त अजब अज्ञान?
तभी तो नहीं है आपस में सम्मान!
अपनों के ही सगुणों की पहचान,
खेद है कि दूसरे देते हैं उनको मान,
लगाते हैं जब दूसरे इन पर मोहर,
तब हम देते हैं अपनों पर ध्यान,
बाक़ी सब लेते हैं अपनों से ज्ञान,
मिटाते अपनों से बहुत से अज्ञान,
पाते विश्व में बहुत ही मान सम्मान,
हम क्यों हैं,अपनों से ही अनजान?

22. माटी का प्यार

२२-माटी का प्यार
माटी का अजब प्यार देखो,
रूप सबका दिया है निखार,
पाल पोस कर बड़ा बनाती,
यही खिलाती,यही पिलाती,
अपने पर बड़ी मार सहकर,
सबको यह तो बड़ा बनाती,
अपना सबकुछ त्याग कर,
सबको बस उपहार ही देती,
अपना भार स्वयं उठाकर,
हम सबका बस भार सहती,
रहने को यह देती है स्थान,
करने को यह देती है काम,
इसी माटी से बने हम सब,
इसमें सब बस मिल जायेंगे,
करोड़ों जनम लेकर भी हम,
ना इसका ऋण चुका पाएंगे।

23. दिल

२३-दिल

यह दिल अभी भी ज़िंदा है,

ग़म मनाने की ज़रूरत नहीं,

दिल तो दिल में बसा हमेशा

ढूंढने का कोई मतलब नहीं,

फ़क़ीरे दिल ने सबको दिया,

मांगने की इसे कभी लत नहीं,

अब भी वहीं है जहाँ था पहले,

फिसलने का इसे वक़्त ही नहीं,

आज भी बस पहले की तरह,

ज़रा सा भी यह बदला ही नहीं,

उन्ही ख़्वाबों का इज़ाफ़ा किया,

नए ख़्वाबों के लिए फ़ुर्सत नहीं।

24. वक़्त

२४-वक़्त

कभी वक़्त नहीं था यह सोचें,
कि यह वक़्त कैसे गुज़र गया,
अब तो वक़्त इतना ज़्यादा,
गुज़ारने पर भी गुज़रता नहीं,
यह सब है और कुछ भी नहीं,
बस अब तो यही लगता है कि,
शायद वक़्त ही है बदल गया।

25. चेहरा

२५-चेहरा

बाहर से देखने पर यह चेहरा है कितना सुन्दर,
पर इसमें झाँका तो यह निकला दर्द का समुन्दर,
आँखें यह देखने पर तो देती हैं बहुत चमक,
पर इसमें डूब कर देखा तो बुझी थी इसकी रौनक,
ऊपर से यह शख्स क्या खुश मिज़ाज़ सा दिखता है,
पर हक़ीक़त यह है कि यह एक टूटा हुआ फरिश्ता है,
इसके होंठो पर जो यह बिखरी सी हँसी दिखती,
हक़ीक़त में यह इसके दिल की हर आह रिसतीं है।

26. इंसानियत नहीं बदलती

२६-इंसानियत नहीं बदलती
वक़्त बदल जाता है,
पर याद नहीं बदलती,
साज़ भी बदल जाता है,
पर आवाज़ नहीं बदलती,
फैसला बदल जाता है,
पर फ़रियाद नहीं बदलती,
इंसान भी बदल जाता है,
पर इंसानियत नहीं बदलती।

27. स्मृतियाँ

२७-स्मृतियाँ
विस्मृत कैसे हो सकती,
वह मधुर सारी स्मृतियाँ,
जो मेरे आदि से अंत तक,
बस यूँही हैं जुड़ी हुई,
रोम में भी हैं, रक्त में भी,
नेत्र में हैं जो बसी हुई,
अपूर्व निश्छल प्रेम से,
अनंत तक हैं जुड़ी हुई,
जो सहस ही रचा देती,
सरस भाव पूर्ण पंक्तियाँ।

28. यादें

२८-यादें

भूली-बिसरी सी बातों ने,
फिरसे मुझको झकझोर दिया,
पुरानी यादों ने फिर घेर लिया,
बिखरे हुए से इस मन को,
अपने में ही बस समेट दिया,
हकीकत यह है कि वह बातें,
ना भूली ही हैं ना ही बिसरी हैं,
ना ही वह सिर्फ कुछ यादें हैं,
वह तो ऐसी कुछ सच्चाइयाँ,
जो इस ज़िन्दगी को साधे हैं।

29. अनजान मंज़िल

२९-अनजान मंज़िल

अजीब से चौराहे पर खड़े हैं,

याद ही नहीं है कि किस राह से आगे बढ़े हैं,

कौन सी राह से होकर जाती है अपनी मंज़िल,

आगे बढ़ना शायद दिखता है बहुत ही मुश्किल,

पर हौसले का तो एकदम जवाब ही नहीं,

दिल की राह बस हुई है अब यूँही क़ायम,

वैसे ही है वह जगह पर खड़ी हुई हरदम,

बस ख़ुदा का जो अपने पर बेहिसाब रहम,

अब यह ज़िंदगी जाम नहीं हो सकती है,

खूबसूरत सी इसकी मंज़िल जो दिखती है।

30. एक अदद इंसान

३०-एक अदद इंसान
पूछा जब किसी ने हमसे,
क्या है तुम्हारा नाम?
जवाब दिया हमने अदब से,
एक अदद इंसान !
उन्होंने पूछा सुनो भई,
क्या है तुम्हारा ईमान?
हमने बोला वही है बस,
इंसानियत जिसका नाम !
उन्होंने फिर से पूछा कि,
भई करते क्या हो काम?
हमने बड़ी ख़ुशी से बोला,
बस साहब दर्द उठाते हैं !
उन्होंने अब पूछा फिर से,
भई तुम कमाते क्या हो?
हमने कहा जी ग़म कमाते हैं!
अगला सवाल था फिर से,
भई आप रहते कहां हो ?
जवाब था इस ज़मीं पर,
खुले हुए आसमां के नीचे,
अब अगला सवाल था उनका,
भई किसकी है तलाश तुमको?
जवाब था जी बस इतना सा,
मिले हमको भी कोई इंसान,
जो हो सिर्फ अपने ही जैसा।

31. छोटा सा दिल

३१-छोटा सा दिल

हमने अपने इस छोटे से दिल को, उनके आगे पेश किया,

ज़रा सी चीज़ समझकर उन्होंने, इसे ताक़ पर उठा कर रख दिया,

हमने इस पर शुक्र गुज़ार हो, ख़ुशी से यह भी क़ुबूल किया,

कि चलो अब उन्होंने अपने घर में, हमें रहने की एक जगह तो दी,

अचानक जब उनकी नज़र इस पर दोबारा पड़ी, तो उन्होंने यह सोचा कि,

यह छोटी सी चीज़ नाहक ही, हमारा ताक़ घेरे हुए है,

उठाकर उन्होंने इसको, अपने दरवाज़े के बाहर फेंक दिया,

हमने सोचा चलो कोई बात नहीं उनके दरवाज़े के बाहर ही सही,

अब इस अदद को थोड़ी सी जगह तो मिल ही गई,

थोड़ी सी देर में वह अपने दरवाज़े से बाहर निकले,

दरवाज़े के बाहर पड़ी यह छोटी सी चीज़ उन्हें बहुत बुरी लगी,

ठोकर मार कर उन्होंने, वह छोटी सी चीज़ बहुत दूर फेंक दी,

दिल का भी जवाब नहीं था वह छोटा सा, पर क़ाबिले तारीफ़ था,

शुक्रिया अदा किया इसने उन्हें, और बहुत दुआ दी,

अलविदा तो नहीं कहा इसने, बस अपनी राह ही बदल दी।

32. मंज़िल

३२-मंज़िल

ज़िन्दगी में कभी निराश नहीं होना,
आगे बढ़ते जाना कभी हताश नहीं होना,
मंज़िल मुकम्मल होगी ज़रूर से जानो,
अगर इरादे मज़बूत हैं तो यह समझलो,
मुश्किलों से कभी भी डरना ही नहीं,
मुसाफिर बस बढ़ते ही तुम जाना,
राहों के टेढ़े होने से कुछ नहीं होता,
मंज़िल वहीँ कायम रहती है यह जानो,
चाहे कुछ हो अपनी कोशिश कायम रखना,
फासले कम होते ही जायेंगे ज़रूर से,
बस इरादे मज़बूत रखना बढ़ते रहना,
बढ़ते रहना ऐ मुसाफ़िर बढ़ते रहना,
मंज़िल को भी बहुत इंतज़ार है तुम्हारा,
उसको देखना उसका इस क़दर चाहने वाला।

आभार

आभार

जीवन के विभिन्न क्षणों में, विभिन्न तरह के भाव आते जाते रहते हैं। कुछ बहुमूल्य क्षणों को शब्दों में पिरोकर, उन्हें कविताओं में बांधकर, अपने इस सफ़र को प्रस्तुत करने का प्रयास किया है।

विश्वास है आप सबको मेरी यह छोटी छोटी रचनायें पसंद आयेंगी, जो जाने अनजाने आपके भी कुछ लम्हों को छू जायेंगी। "मेरे साथ कविताओं का सफ़र" भाग-१' के आगे भी आप तक मेरे भावों की अभिव्यक्ति शीघ्र ही पहुँचेगी।